Valerie Ledner

Servietten TECHNIK

unipart

Inhalt

Fotos: Studio Goschke, Hamburg.
Jan Bürgermeister, Augsburg.
Verwendete Farben, Lacke und Kleber: RICOPAGE.

Die Schreibweise entspricht den Regeln der neuen Rechtschreibung.

RICOPAGE
Servietten-Technik
ACRYL-FARBE
RICO DESIGN
7001.170 lindgrün
RICOPAGE
Servietten-Technik
LACK-KLEBER
RICO DESIGN
RICOPAGE
Servietten-Technik
ACRYL-FARBE
RICO DESIGN
7001.210 gelb

Einleitung

Unzählige Dinge – ob aus Holz, Glas, Keramik, Terrakotta, Styropor, Kunststoff, Karton, Pappmaschee oder sogar aus Wachs – lassen sich mit der Serviettentechnik, auch unter Découpage bekannt, im Handumdrehn verschönern.

Blitzschnell werden sogar aus „ausgedienten" Gegenständen tolle Accessoires für drinnen und für draußen. Vasen, Übertöpfe, Windlichter, Krüge, Tabletts, Brettchen, Platzteller, Gläser, Schalen, Kerzen und vieles mehr können beispielsweise zur Tischdekoration passend gestaltet werden. Spiegel, Bilderrahmen, Lampen, Schränkchen, Alben, Boxen und Kassetten, Kleiderbügel und sogar Fliesen lassen sich auf das Schönste „veredeln" und schaffen ein ganz besonderes Ambiente.
Und nicht zu vergessen: Gerade für die Oster- und Weihnachtszeit lassen sich ganz wunderbare Dekorationen schaffen.

Wichtig ist nur, dass die Gegenstände, die Sie mit Servietten-Motiven bekleben möchten, eine möglichst glatte Oberfläche haben.

Das Angebot an Servietten mit attraktiven Designs ist heute sehr groß. Ambiente, Atelier, B + C, Duni, Fasana, Herlitz, Home Fashion, Ihr, Ikea, Paper Art, Paper Products Design, Pap Star, Stewo, ti-Flair oder WMF Colore sind einige der Firmen, die eine große Palette farbenfroher Servietten anbieten.

Sie werden schnell feststellen, dass dieses Hobby eine unglaubliche Faszination ausübt. Kaum eine Hobbytechnik bringt so schnelle Erfolgserlebnisse! Hinzu kommt noch, dass es sich um eine recht preiswerte Angelegenheit handelt, denn der Aufwand an Materialien und Werkzeug ist wirklich nicht hoch. Neben dem zu dekorierenden Gegenstand und Servietten benötigen Sie eine normale sowie eine scharfe, spitze, kleine Papierschere und einige weiche Pinsel. Für die Farbgestaltung werden Acrylfarben, hier und da auch Granitfarben und Sprays, verwendet, die es in vielen Farbtönen gibt. Zum Anbringen der Servietten-Motive wird Lack-Kleber benutzt.

1. Je nach Beschaffenheit des zu dekorierenden Untergrundes wird dieser mit feinem Schmirgelpapier geglättet. Dann wird mit einer möglichst hellen Acrylfarbe grundiert und, nachdem die Farbe getrocknet ist, bei Bedarf mit feinem Schmirgelpapier nachbehandelt. Es wird empfohlen, die Grundierfarbe mit der hellsten Farbe der Serviette abzustimmen. Bei einer dunklen Grundierung sollte die zu beklebende Fläche hell vorgestrichen werden, da der dunkle Untergrund sonst durch die dünne Serviettenschicht sichtbar wird. (In manchen Fällen kann das auch gut aussehen, probieren Sie es einfach aus!)

2. Schneiden Sie das gewünschte Motiv aus der Serviette aus, wobei Sie ganz exakt arbeiten müssen. Lösen Sie die oberste Lage der Serviette ab – eine Papierserviette besteht aus drei Lagen. Die mittlere Schicht lässt sich in manchen Fällen nicht ganz so einfach ablösen. Verwenden Sie dann einen Tesafilmstreifen zum Abziehen, damit das Servietten-Motiv nicht beschädigt wird.

Sie können das Motiv auch großzügig aus der Serviette reißen, wenn die Fondfarbe der Grundfarbe der Serviette sehr ähnlich ist. Der Farbübergang erfolgt durch die Reißkanten recht fließend. Diese Technik sollten Sie aber nur dann anwenden, wenn das Servietten-Motiv klare Formen hat und großzügig gestaltet ist.

3. Bestreichen Sie die zu dekorierende Fläche mit etwas Lack-Kleber. Legen Sie das ausgeschnittene oder ausgerissene, von den unteren Papierschichten abgelöste Servietten-Motiv vorsichtig auf die vorbehandelte Fläche. Streichen Sie das Motiv mit einem weichen Pinsel aus. Führen Sie dabei den Pinsel immer von innen nach außen, damit es unter dem Servietten-Motiv möglichst wenige Lufteinschlüsse gibt und möglichst wenig Falten entstehen. Ist das Motiv angetrocknet, wird es mit Lack-Kleber überstrichen. Hier muss ebenfalls wieder von innen nach außen gearbeitet werden. Lassen Sie den Lack gut trocknen. Danach wird der dekorierte Gegenstand, wenn in der jeweiligen Arbeitsanleitung nicht anders beschrieben, vollflächig lackiert.

In einigen Büchern zum Thema wird empfohlen, für die Gestaltung von Kerzen die Servietten-Motive anzuföhnen. Mit dem Lack-Kleber können Sie die Motive – wie unter Punkt 3 beschrieben – problemlos anbringen.

Tipps und Tricks

Verwenden Sie zum Arbeiten weiche Pinsel. Die oberste Papierschicht einer Serviette ist hauchzart und kann schon durch einen einzigen, zu groben Pinselstrich verletzt werden.

Beachten Sie, dass das Servietten-Motiv beim Ausstreichen wächst.

Oft benötigen Sie mehr als eine Serviette. Legen Sie sich in jedem Fall mehrere Servietten mit demselben Motiv zurecht. Sie können sich trotz aller Sorgfalt beim Ausschneiden vertun oder das Motiv zerreißt bei der Arbeit. Bei größeren, ganzflächig zu beklebenden Flächen sollten Sie die Menge der benötigten Servietten vor dem Aufkleben berechnen.

Ist das Motiv beim Bearbeiten eingerissen, schneiden Sie das gleiche Motivstück aus einer anderen Serviette aus, legen es über die schadhafte Stelle und überstreichen es mit Lack.

Mit Serviettentechnik verschönerte Haushaltsgegenstände gehören nicht in die Spülmaschine. Wischen Sie den Gegenstand mit einem feuchten Tuch ab. Entsprechend mehrfach lackierte Gegenstände können von Hand gespült werden.

Wollen Sie Weihnachtsschmuck wie Kugeln, Sternen und Glocken einen zusätzlichen Glanzeffekt verleihen, bestreichen Sie die aufgebrachten Motive mit Glitter-Weißleim statt mit Lack-Kleber.

Möchten Sie mit Stoff bezogene, flache Gegenstände wie beispielsweise Alben dekorieren, bekleben Sie feste Klarsichtfolie mit dem Motiv und kleben diese dann auf den Gegenstand. Alternativ können Sie mit einem speziellen, im Fachhandel erhältlichen Textil-Applikator arbeiten (z. B. von RICO-DESIGN).

Möchten Sie halbrunde oder runde Gegenstände dekorieren, sollten Sie kleine „Abnäher“ in das Motiv einschneiden. So lässt sich die Form faltenfreier bekleben.

Heben Sie nicht verwendete Servietten und auch bereits ausgeschnittene Teile flach aufeinander liegend auf. Ist ein Motiv „verknittert“, bügeln Sie es mit der geringsten Wärmeeinstellung des Bügeleisens von links wieder glatt.

Für Balkon und Terrasse

Weißer Übertopf mit Tulpe

Das brauchen Sie:

1 großen, unglasierten
Terrakotta-Topf, Ø 26 cm
Acrylfarbe in Weiß und Pink
1 Serviette mit Tulpen-Motiv
Pinsel, Schere, Lack-Kleber

1. Bemalen Sie den Terrakotta-Topf deckend mit weißer Acrylfarbe und lassen Sie die Farbe trocknen. Bemalen Sie den Topfrand mit einem ca. 2,5 cm breiten Streifen in Pink und lassen Sie die Farbe wieder gut trocknen.

2. Schneiden Sie das Servietten-Motiv aus und ziehen Sie die oberste Schicht der Serviette ab. Bestreichen Sie die zu dekorierende Fläche des Topfes mit Lack-Kleber, legen Sie das Motiv auf und streichen Sie es mit einem breiten, weichen Pinsel von innen nach außen aus.

3. Tragen Sie die erste Lack-Kleber-Schicht auf. Streichen Sie dabei ebenfalls von innen nach außen. Ist die Lackschicht getrocknet, wird der Topf in 2–3 weiteren Schichten lackiert, um ihn wetterbeständig zu machen.

Weißer Übertopf mit Pfau und Borte

Das brauchen Sie:

1 großen, unglasierten
Terrakotta-Topf, Ø 26 cm
Acrylfarbe in Weiß
1 Serviette mit Pfauen-Motiv
3 Servietten mit Borten-Motiv
Pinsel, Schere, Lack-Kleber

1. Bemalen Sie den Terrakotta-Topf deckend mit weißer Acrylfarbe und lassen Sie die Farbe trocknen.

2. Schneiden Sie die Servietten-Motive aus und ziehen Sie die oberste Schicht der Servietten ab. Bestreichen Sie die zu dekorierenden Flächen des Topfes mit Lack-Kleber, legen Sie die Motive auf und streichen Sie sie mit einem breiten, weichen Pinsel von innen nach außen aus.

3. Tragen Sie die erste Lack-Kleber-Schicht auf. Streichen Sie dabei ebenfalls von innen nach außen. Ist die Lackschicht getrocknet, wird der Topf in 2–3 weiteren Schichten lackiert, um ihn wetterbeständig zu machen.

Blauer Übertopf mit Äpfeln

Das brauchen Sie:

1 mittelgroßen, unglasierten
Terrakotta-Topf, Ø 24 cm
Acrylfarbe in Weiß und Blau
2–3 blaue Servietten mit grünem
Apfel-Motiv
Pinsel, Schere, Lack-Kleber

1. Bemalen Sie den Terrakotta-Topf bis auf den Rand deckend mit weißer Acrylfarbe. Bemalen Sie danach den Topfrand mit blauer Farbe und lassen Sie die Farben trocknen.

2. Ziehen Sie die oberste Schicht der Servietten ab. Bestreichen Sie den Topf bis auf den Rand ganzflächig mit Lack-Kleber und beziehen Sie ihn mit den Servietten. Streichen Sie die Fläche mit einem breiten, weichen Pinsel von innen nach außen aus.

3. Tragen Sie die erste Lack-Kleber-Schicht auf. Streichen Sie dabei ebenfalls von innen nach außen. Ist die Lackschicht getrocknet, wird der Topf in 2–3 weiteren Schichten lackiert, um ihn wetterbeständig zu machen.

Terrakotta-Schale mit Krügen

Das brauchen Sie:

Für die Terrakotta-Schale:
1 große Terrakotta-Schale
2 Servietten mit Trauben- und Apfel-Motiven
Für den braunen Krug:
1 kleinen, braun glasierten Krug
1 Serviette mit Trauben-Motiv
Für den gelben Krug:
1 großen, gelben Keramik-Krug
2 Servietten mit Apfel- und Birnen-Motiven
Pinsel, Schere, Lack-Kleber

1. Schneiden Sie die Servietten-Motive sauber aus und ziehen Sie die oberste Schicht der Servietten ab.

2. Bestreichen Sie die zu dekorierenden Flächen der Schale und der Krüge mit Lack-Kleber, legen Sie die Motive auf die gelackten Flächen und streichen Sie sie mit einem breiten, weichen Pinsel von innen nach außen aus.

3. Tragen Sie die erste Lack-Kleber-Schicht auf. Streichen Sie dabei ebenfalls von innen nach außen. Ist die Lackschicht getrocknet, werden die Schale und die Krüge erneut lackiert.

Ambiente für die Küche

Küchenbild und Kräutertöpfchen

Das brauchen Sie:

1 Holz-Bilderrahmen
Effektfarbe in Perlrot mit Perlmuttglanz
weißen Fotokarton
3 Servietten mit Tomaten-Motiv
2 weiße Keramik-Töpfchen
Schere, Pinsel, Lack-Kleber

1. Bemalen Sie den Rahmen mit Farbe und lassen Sie diese trocknen. Schneiden Sie das Servietten-Motiv sauber aus und ziehen Sie die oberste Schicht der Serviette ab. Schneiden Sie ein für den Bilderrahmen passendes Stück Fotokarton zurecht, bestreichen Sie die zu beklebende Fläche mit Lack-Kleber, legen Sie das Motiv auf und streichen Sie es mit dem Pinsel von innen nach außen aus. Lassen Sie das Motiv trocknen. Tragen Sie eine Lack-Kleber-Schicht auf. Streichen Sie dabei ebenfalls von innen nach außen. Ist die Lackschicht getrocknet, wird das Bild gerahmt.

2. Für die Kräutertöpfchen schneiden Sie die Motive aus, ziehen die oberste Serviettenschicht ab, bestreichen die zu dekorierenden Flächen mit Lack-Kleber, legen die Motive auf, streichen sie mit dem Pinsel aus und lackieren die Töpfchen mit Lack-Kleber.

Tablett mit Kürbis

Das brauchen Sie:

1 Holztablett, ca. 55 x 35 cm
1 rotbraun glasierten Keramik-Krug, ca. 16 cm hoch
1 eckige Terrakotta-Vase, ca. 17,5 cm hoch
rote Acrylfarbe
5–6 Servietten mit Kürbis-Motiv
1–2 Servietten mit Blatt-Motiv
Schere, Pinsel, Lack-Kleber
Bleistift

1. Für das Holztablett schneiden Sie die Kürbis-Motive aus den Servietten aus und ziehen die oberste Schicht der Servietten vorsichtig ab. Legen Sie eine Collage aus den Kürbis-Motiven. Bestreichen Sie die zu dekorierende Fläche des Tabletts mit Lack-Kleber und legen Sie die Motive gemäß Ihrer Collage darauf. Mit einem weichen, breiten Pinsel streichen Sie das Motiv von innen nach außen aus. Lackieren Sie das Motiv mit einer ersten Lack-Kleber-Schicht. Tragen Sie den Lack von innen nach außen auf. Ist die Lackschicht vollständig getrocknet, lackieren Sie das Tablett ganzflächig in zwei Schichten.

2. Für den Keramik-Krug schneiden Sie das Blatt-Motiv aus der Serviette aus und ziehen die oberste Schicht der Serviette ab. Bestreichen Sie die zu dekorierende Fläche des Kruges mit Lack-Kleber, legen Sie das Servietten-Motiv auf und streichen Sie es mit einem breiten, weichen Pinsel von innen nach außen aus. Lackieren Sie das Motiv mit einer ersten Lack-Kleber-Schicht. Tragen Sie den Lack von innen nach außen auf. Ist der Lack getrocknet, wird der Krug in zwei weiteren Schichten lackiert.

3. Für die Terrakotta-Vase bemalen Sie den Rand ca. 2 cm breit mit roter Acrylfarbe und lassen diese gut trocknen. Die Vase wird ganzflächig mit den Servietten bezogen. Legen Sie die Vase auf die Servietten, ziehen Sie die Form der Vase mit dem Bleistift nach und schneiden Sie die Form viermal aus. Rechnen Sie 5 mm „Nahtzugabe" dazu. Ziehen Sie die oberste Schicht der Servietten ab. Bestreichen Sie eine Vasenseite mit Lack-Kleber, legen Sie ein Serviettenteil auf und streichen Sie es mit einem breiten, weichen Pinsel von innen nach außen aus. Lackieren Sie die bearbeitete Vasenseite mit einer ersten Lack-Kleber-Schicht. Streichen Sie dabei mit dem Pinsel von innen nach außen. Verfahren Sie so mit jeder Vasenseite. Zum Schluss lackieren Sie die ganze Vase in zwei Schichten.

Obstschale mit Saftkrug

Das brauchen Sie:

1 Glasschale mit Rand,
Ø ca. 27 cm
1 Glaskrug, ca. 17 cm hoch
2–3 Servietten mit Obst-Motiven
Pinsel, Schere, Lack-Kleber

1. Schneiden Sie die Servietten-Motive sauber aus und ziehen Sie die oberste Schicht der Servietten ab.

2. Bestreichen Sie die zu dekorierenden Flächen der Schale und die Vorderseite des Kruges mit Lack-Kleber, legen Sie die Motive auf die gelackten Flächen und streichen Sie sie mit einem breiten, weichen Pinsel von innen nach außen aus.

3. Tragen Sie die erste Lack-Kleber-Schicht auf. Streichen Sie dabei ebenfalls von innen nach außen. Ist die Lackschicht getrocknet, werden die Schale und der Krug erneut lackiert.

Tortenplatte

Das brauchen Sie:

1 Tortenplatte aus Glas mit Fuß, Ø ca. 30 cm
2–3 Servietten mit Sonnenblumen-Motiven
Pinsel, Schere, Lack-Kleber

1. Schneiden Sie die Servietten-Motive sauber aus und ziehen Sie die oberste Schicht der Servietten ab.

2. Bestreichen Sie die Unterseite der Tortenplatte mit Lack-Kleber, legen Sie die Motive seitenverkehrt auf die gelackten Flächen und streichen Sie sie mit einem breiten, weichen Pinsel von innen nach außen aus.

3. Tragen Sie die erste Lack-Kleber-Schicht auf. Streichen Sie dabei ebenfalls von innen nach außen. Ist die Lackschicht getrocknet, wird die Tortenplatte erneut auf der Unterseite lackiert.

Holztablett „Stars & Stripes“

Das brauchen Sie:

1 Holztablett mit Rand, ca. 38 x 28 cm
3 Servietten mit amerikanischem Flaggen-Motiv
Pinsel, Schere, Lack-Kleber

1. Schneiden Sie die Servietten-Motive sauber aus und ziehen Sie die oberste Schicht der Servietten ab.

2. Bestreichen Sie die Innenfläche des Tabletts vollständig mit Lack-Kleber, legen Sie die Motive auf und streichen Sie sie mit einem breiten, weichen Pinsel von innen nach außen aus.

3. Tragen Sie die erste Lack-Kleber-Schicht auf. Streichen Sie dabei ebenfalls von innen nach außen. Ist die Lackschicht getrocknet, wird das Tablett erneut lackiert.

Für das Badezimmer

Verzierte Fliesen und Accessoires

Das brauchen Sie:

weiße Keramik-Fliesen
ca. 38 x 28 cm
Servietten mit
maritimen Motiven
Pinsel, Schere, Lack-Kleber

1. Schneiden Sie die Servietten-Motive aus und ziehen Sie die oberste Schicht der Servietten ab.

2. Bestreichen Sie die zu dekorierenden Flächen der Fliesen mit Lack-Kleber, legen Sie die Motive auf und streichen Sie sie mit einem breiten, weichen Pinsel von innen nach außen aus.

3. Tragen Sie eine Lack-Kleber-Schicht auf. Streichen Sie dabei ebenfalls von innen nach außen. Ist die Lackschicht getrocknet, werden die Fliesen mehrfach lackiert.

Tipp:
Verschönern Sie auch Badezimmer-Accessoires wie Becher und Dosen mit dieser Technik .

Für Partys und Einladungen

Erdbeer-Bowle mit Gläsern

Das brauchen Sie:

1 Bowle-Gefäß aus Glas
Bowle-Gläser
3–4 Servietten mit Erdbeer-Motiv
Pinsel, Schere, Lack-Kleber

1. Schneiden Sie die Erdbeer-Motive sauber aus und ziehen Sie die oberste Serviettenschicht ab.

2. Bestreichen Sie die zu dekorierenden Flächen der Bowle und der Gläser mit Lack-Kleber, legen Sie die Motive auf die gelackten Flächen und streichen Sie sie mit einem breiten, weichen Pinsel von innen nach außen aus.

3. Tragen Sie die erste Lack-Kleber-Schicht auf. Streichen Sie dabei ebenfalls von innen nach außen. Ist die Lackschicht getrocknet, werden die Motive erneut mit Lack-Kleber bestrichen.

Schöne Platzteller

Das brauchen Sie:

Für den Platzteller mit Redouté-Rosen:
1 weißen Platzteller, Ø ca. 32 cm
1–2 Servietten mit Redouté-Rosen-Motiv
Für den Platzteller mit blauem Flieder:
1 weißen Platzteller, Ø ca. 32 cm
1–2 Servietten mit Flieder-Motiv
Pinsel, Schere, Lack-Kleber

1. Schneiden Sie die Servietten-Motive sauber aus und ziehen Sie die oberste Schicht der Servietten ab.

2. Bestreichen Sie die zu dekorierenden Flächen der Platzteller mit Lack-Kleber, legen Sie die Motive auf die gelackten Flächen und streichen Sie sie mit einem breiten, weichen Pinsel von innen nach außen aus.

3. Tragen Sie die erste Lack-Kleber-Schicht auf. Streichen Sie dabei ebenfalls von innen nach außen. Ist die Lackschicht getrocknet, werden die Platzteller erneut lackiert.

Tipp:

Von den so dekorierten Tellern kann nicht gegessen werden. Sie dienen lediglich der Dekoration.

Schönes für den Wohnraum

Kleines Wandbord

Das brauchen Sie:

1 Holzregal, ca. 46 cm lang, ca. 12 cm tief
8 Servietten mit Paisley- oder anderen klein gemusterten Motiven
Acrylfarbe in einem passenden, kontrastierenden Ton
Pinsel, Schere, Lack-Kleber

1. Die Servietten werden ganzflächig verarbeitet. Messen Sie die Flächen des Bords aus und legen Sie die Servietten so aneinander, dass die Fortsetzung des Musters gewährleistet ist. Schnittstellen und Übergänge dürfen später nicht zu sehen sein. Ziehen Sie die oberste Schicht der Servietten ab.

2. Bearbeiten Sie die zu dekorierenden Flächen des Bords nacheinander. Tragen Sie den Lack-Kleber bahnenweise auf, kleben Sie das entsprechende Serviettenstück auf und streichen Sie es glatt. Schneiden Sie überschüssiges Papier an den Rändern ab und bestreichen Sie die Serviettenkanten sofort mit Lack-Kleber. Verfahren Sie so, bis das Bord komplett beklebt ist. Streichen Sie das Papier mit einem breiten, weichen Pinsel von innen nach außen aus.

3. Tragen Sie die erste Lack-Kleber-Schicht flächenweise auf das Bord auf. Streichen Sie dabei ebenfalls von innen nach außen. Ist die Lackschicht getrocknet, wird das Bord erneut lackiert.

Holz-Bilderrahmen

Das brauchen Sie:

1 Holz-Bilderrahmen,
ca. 22,5 x 17,5 cm
1–2 Servietten mit
durchgehendem Rosen-Motiv
Pinsel, Schere, Lack-Kleber

1. Ziehen Sie die oberste Schicht der Serviette ab.

2. Bestreichen Sie den Holzrahmen mit Lack-Kleber, legen Sie die Serviette auf die gelackten Flächen, schneiden Sie die Serviette an den Kanten leicht ein und streichen Sie die Serviette mit einem breiten, weichen Pinsel von innen nach außen aus. Bekleben Sie auch die Innen- und Außenkanten des Rahmens.

3. Tragen Sie die erste Lack-Kleber-Schicht auf. Streichen Sie dabei ebenfalls von innen nach außen. Ist die Lackschicht getrocknet, wird der Rahmen erneut lackiert.

Rahmenloser Glasrahmen

Das brauchen Sie:

1 Rahlo-Rahmen,
ca. 40 x 29,5 cm
2–3 Servietten mit Blatt- und Streifen-Motiven
Pinsel, Schere, Lack-Kleber

1. Messen Sie die Fläche des Rahmens aus, die Sie dekorieren möchten. Markieren Sie auf der Glasvorderseite den Rahmen. Für den Rahlo wird die Glasrückseite bearbeitet, da die Rahmenhalterung sonst die Dekoration zerstören würde. Schneiden Sie die gewünschten Servietten-Streifen sauber aus und ziehen Sie die oberste Schicht der Servietten ab.

2. Bestreichen Sie die zu dekorierenden Flächen des Rahmens auf der Rückseite mit Lack-Kleber, legen Sie die Motive seitenverkehrt auf die gelackten Flächen und streichen Sie sie mit einem breiten, weichen Pinsel von innen nach außen aus. Tragen Sie eine Lack-Kleber-Schicht auf. Streichen Sie dabei ebenfalls von innen nach außen.

Weiße Vasen

Das brauchen Sie:

ovale, weiße Vasen,
ca. 20 cm hoch, ca. 15 cm breit
Servietten mit Rosen- und Herz-Motiven
Pinsel, Schere, Lack-Kleber

1. Schneiden Sie die Servietten-Motive sauber aus und ziehen Sie die oberste Schicht der Servietten ab.

2. Bestreichen Sie die zu dekorierenden Flächen der Vasen mit Lack-Kleber, legen Sie die Motive auf die gelackten Flächen und streichen Sie sie mit einem breiten, weichen Pinsel von innen nach außen aus.

3. Tragen Sie eine erste Lack-Kleber-Schicht auf. Streichen Sie dabei ebenfalls von innen nach außen. Ist die Lackschicht getrocknet, werden die Vasen erneut mehrfach lackiert.

Bunte Übertöpfe für drinnen

Das brauchen Sie:

Acrylfarbe, hier in Rot
unifarbene Übertöpfe
in verschiedenen Größen,
hier in Rot, Lachs, Hellviolett,
Mint und Weiß,
Ø 12, 14 und 17 cm
Schere, Pinsel, Lack-Kleber

1. Wenn Sie Ihre Übertöpfe mit einem farbigen Rand verzieren möchten, bemalen Sie die Töpfe im ersten Schritt. Lassen Sie die Farbe gut trocknen.

2. Schneiden Sie die Servietten-Motive vorsichtig mit der Schere aus und ziehen Sie die oberste Schicht der Servietten ab.

3. Bestreichen Sie die zu dekorierenden Flächen der Übertöpfe mit Lack-Kleber. Legen Sie die hauchzarten Motive auf die gelackten Flächen und streichen Sie sie mit einem breiten, weichen Pinsel von innen nach außen aus.

4. Tragen Sie die erste Lack-Kleber-Schicht auf. Streichen Sie dabei ebenfalls von innen nach außen. Ist die Lackschicht getrocknet, werden die Übertöpfe mehrfach lackiert.

Vasen mit Laub-Motiven

Das brauchen Sie:

2 bauchige, weiße Vasen,
ca. 14 cm hoch, ca. 12 cm breit
je 3 Servietten mit gelbem, bzw. orangefarbenem Blätter-Motiv
Pinsel, Schere, Lack-Kleber

1. Die Vasen werden mit der kompletten Serviette bezogen. Schneiden Sie die Servietten vorher in Form. Ziehen Sie nun die oberste Schicht der Servietten ab.

2. Bestreichen Sie die zu dekorierenden Flächen der Vasen mit Lack-Kleber, legen Sie die Serviettenteile auf die gelackten Flächen und streichen Sie sie mit einem breiten, weichen Pinsel von innen nach außen aus.

3. Tragen Sie die erste Lack-Kleber-Schicht auf. Streichen Sie dabei ebenfalls von innen nach außen. Ist der Lack getrocknet, werden die Vasen erneut mehrfach lackiert.

Halloween-Windlicht

Das brauchen Sie:

1 Glas-Windlicht, ca. 28 cm hoch, Ø ca. 17 cm
2 Servietten mit Kürbis- und Gespenster-Motiven
schwarzen Deko-Sand
1 runde Halloween-Kürbis-Kerze, Ø ca. 7 cm
1 künstlichen Efeuzweig, ca. 20 cm lang
orangefarbenes und schwarzes Satinband, 2 mm breit, je ca. 1,20 m lang
Pinsel, Schere, Lack-Kleber

1. Schneiden Sie die Servietten-Motive sauber aus und ziehen Sie die oberste Serviettenschicht ab.

2. Bestreichen Sie die zu dekorierenden Flächen des Windlichts mit Lack-Kleber, legen Sie die Motive auf die gelackten Flächen und streichen Sie sie mit einem breiten, weichen Pinsel von innen nach außen aus.

3. Tragen Sie eine erste Lack-Kleber-Schicht auf. Streichen Sie dabei ebenfalls von innen nach außen. Ist der Lack getrocknet, wird das Windlicht erneut lackiert.

4. Ist alles getrocknet, wird schwarzer Deko-Sand ca.10 cm hoch in das Glas eingefüllt, die Kerze auf den Sand gesetzt und der Efeuzweig im Windlicht dekoriert.

5. Zum Schluss legen Sie die Satinbänder um den Windlichtrand und binden sie seitlich zu Schleifen mit langen Enden.

Gelbe Vase mit Tablett

Das brauchen Sie:

1 eckige Terrakotta-Vase, ca. 17,5 cm hoch
1 Pappmaschee-Tablett, Ø ca. 14 cm
gelbe Granitfarbe
3–4 Servietten mit Orangen-Motiv
Pinsel, Schere, Lack-Kleber

1. Die Vase und das Tablett werden zunächst mit gelber Granitfarbe bemalt. Lassen Sie die Farbe gut trocknen.

2. Schneiden Sie die Orangen-Motive sauber aus den Servietten aus. Ziehen Sie nun die oberste Schicht der Servietten ab.

3. Bestreichen Sie die zu dekorierenden Flächen der Vase und des Tabletts mit Lack-Kleber, legen Sie die Serviettenteile auf die gelackten Flächen und streichen Sie sie mit einem breiten, weichen Pinsel von innen nach außen aus.

4. Tragen Sie die erste Lack-Kleber-Schicht auf. Streichen Sie dabei ebenfalls von innen nach außen. Ist der Lack getrocknet, werden die Vase und das Tablett erneut mehrfach lackiert.

Fröhliches fürs Kinderzimmer

Spielzeug-Köfferchen

Das brauchen Sie:

1 buntes Köfferchen,
ca. 35 x 29 cm
Acrylfarbe in Weiß und Gelb
2 gelbe Servietten mit
Elefanten-Motiven
Pinsel, Schere, Lack-Kleber

1. Bemalen Sie die zu dekorierenden Flächen des Köfferchens mit weißer Farbe. Lassen Sie die Farbe gut trocknen.

2. Die Servietten werden ganzflächig verwendet. Ziehen Sie die oberste Schicht der Servietten ab. Bestreichen Sie die zu dekorierenden Flächen des Köfferchens mit Lack-Kleber, legen Sie die Servietten mittig auf die gelackten Flächen und streichen Sie sie mit einem breiten, weichen Pinsel von innen nach außen aus.

3. Tragen Sie eine erste Lack-Kleber-Schicht auf. Streichen Sie dabei ebenfalls von innen nach außen.

4. Ist die Lackschicht getrocknet, werden die Ränder des Köfferchens, die nicht mit Papier beklebt wurden, in einem zur Serviette passenden Gelbton gestrichen.

5. Ist die Farbe vollständig getrocknet, wird die dekorierte Fläche des Köfferchens mehrfach lackiert.

Gepunktete Schubladen-Box

Das brauchen Sie:

1 Schubladen-Box aus unbehandeltem Holz
Acrylfarbe in Gelb
gepunktete Servietten in verschiedenen Farben
Pinsel, Schere, Lack-Kleber

1. Bemalen Sie die Box bis auf die Schubladen mit gelber Farbe und lassen Sie diese gut trocknen.

2. Schneiden Sie die Servietten für die Schubladenflächen passend und ziehen Sie die oberste Schicht der Servietten ab.

3. Bestreichen Sie die zu dekorierenden Schubladenflächen mit Lack-Kleber, legen Sie die Serviettenstücke auf die gelackten Flächen und streichen Sie sie mit einem breiten, weichen Pinsel von innen nach außen aus.

4. Tragen Sie eine erste Lack-Kleber-Schicht auf. Streichen Sie dabei ebenfalls von innen nach außen. Ist die Lackschicht getrocknet, werden die Schubladen erneut mehrfach lackiert.

5. Zum Schluss lackieren Sie die komplette Box.

Lampen

Das brauchen Sie:

Lampen mit eckigem, weißem, glattem Kunststoffschirm oder mit weißem, flächigem Keramikfuß
Servietten mit Disney- oder Teddy-Motiven
passendes Satinband
Pinsel, Schere, Lack-Kleber

1. Für die eckige Lampe wird ein ganzes Serviettenmotiv verwendet. Schneiden Sie dieses aus und ziehen Sie die oberste Schicht der Serviette ab. Für die Lampe mit Keramikfuß schneiden Sie das Teddymotiv sorgfältig aus und ziehen ebenfalls die oberste Serviettenschicht ab.

2. Bestreichen Sie die zu dekorierenden Flächen der Lampen mit Lack-Kleber, legen Sie die Motive auf und streichen Sie sie mit einem breiten, weichen Pinsel von innen nach außen aus.

3. Tragen Sie eine Lack-Kleber-Schicht auf. Streichen Sie dabei ebenfalls von innen nach außen. Ist der Lack getrocknet, werden die Lampen erneut mehrfach lackiert. Zur Verzierung können Sie auf die eckige Lampe Satinbänder aufkleben.

Happy Birthday

Henkeltassen und Kerze

Das brauchen Sie:

weiße Keramik-Henkeltassen
1 eckige, weiße Kerze,
ca. 12 x 12 cm
Servietten mit
Geburtstagstorten-Motiv
Pinsel, Schere, Lack-Kleber

1. Schneiden Sie die Servietten-Motive sauber aus und ziehen Sie die oberste Serviettenschicht ab.

2. Bestreichen Sie die zu dekorierenden Flächen der Tassen und der Kerze mit Lack-Kleber, legen Sie die Motive auf und streichen Sie sie mit einem breiten, weichen Pinsel von innen nach außen aus.

3. Tragen Sie eine Lack-Kleber-Schicht auf. Streichen Sie dabei wieder von innen nach außen. Danach werden die Tassen mehrfach, die Kerze einmal lackiert.

Tipp:

In der Servietten-Technik dekorierte Gegenstände gehören nicht in die Spülmaschine.

Geschenke mit Herz

Das brauchen Sie:

rote Kunststoff-Herzen, ca. 20 cm breit
Pappmaschee-Dosen in Herzform, ca. 11 cm breit
Spanholz-Dosen, ca. 5,5 cm breit
Acrylfarbe in Hellrosa, Weiß und Pink
Servietten mit Herz- und Rosen-Motiven
weiße Tortendeckchen
Schere, Pinsel, Lack-Kleber

1. Bemalen Sie die Pappmaschee- und die Spandosen mit Acrylfarbe und lassen Sie diese gut trocknen. Schneiden Sie das Tortendeckchen in Herzform und die Servietten-Motive sauber aus. Lösen Sie beim Tortendeckchen als auch bei den Servietten-Motiven die oberste Schicht ab.

2. Bestreichen Sie die zu dekorierenden Flächen der Dosen mit Lack-Kleber, legen Sie die Motive auf und streichen Sie sie mit einem breiten, weichen Pinsel von innen nach außen aus.

3. Tragen Sie eine Lack-Kleber-Schicht auf. Streichen Sie dabei wieder von innen nach außen.

Für Schlaf- und Ankleidezimmer

Schöne Dosen

Das brauchen Sie:

Spandosen in verschiedenen Formen und Größen
gemusterte Servietten
verschiedene Acrylfarben
Litzen, Borten und Kordeln
Bleistift, Schere, Pinsel
Lack-Kleber, Klebstoff

1. Legen Sie die Spandosen auf die Servietten und ziehen Sie den Deckel mit dem Bleistift nach. Wollen Sie den Deckelrand ebenfalls beziehen, messen Sie den benötigten Streifen aus. Schneiden Sie die Formen und Streifen aus und ziehen Sie die oberste Schicht der Servietten vorsichtig ab.

2. Bemalen Sie die Dosen in den gewünschten Farben und lassen Sie diese trocknen. Bestreichen Sie die zu dekorierenden Dosenflächen mit Lack-Kleber, legen Sie die Motive auf und streichen Sie sie mit einem breiten, weichen Pinsel von innen nach außen aus.

3. Tragen Sie eine Lack-Kleber-Schicht wieder von innen nach außen auf. Verzieren Sie die Dosen zusätzlich mit Litzen, Borten und Kordeln.

Kleiderbügel und Schmuckablage

Das brauchen Sie:

1 Holzkleiderbügel mit Goldhaken
1 Pappmaschee-Tablett,
Ø ca. 13 cm
4 Servietten mit neutralem Motiv
farblich kontrastierende Litze,
8 mm breit
Goldband, 5 mm breit
goldgemusterte Schnur mit
Quasten, 8 mm breit
Schere, Pinsel, Lack-Kleber
Zahnstocher, Klebstoff

1. Drehen Sie den Haken aus dem Holzbügel, legen Sie den Kleiderbügel schräg auf die Serviette und schneiden Sie die Bügelform aus. Lassen Sie rundherum 5 mm „Nahtzugabe". Wiederholen Sie das Ganze für die Rückseite des Bügels. Ziehen Sie die oberste Schicht der Servietten ab. Bestreichen Sie eine Kleiderbügelseite mit Lack-Kleber, legen Sie die zugeschnittene Serviette auf und streichen Sie sie mit dem Pinsel von innen nach außen aus. Mit der anderen Bügelseite verfahren Sie ebenso. Mit dem Zahnstocher bohren Sie das Loch für den Haken nach. Lackieren Sie den Bügel auf beiden Seiten in zwei Schichten. Ist der Lack getrocknet, bekleben Sie die Ränder des Bügels mit Litze und drehen den Haken ein.

2. Für die Schmuckablage schneiden Sie die Form für den Boden und die Streifen für die Seitenteile aus den Servietten aus. Ziehen Sie die oberste Schicht der Servietten ab. Bestreichen Sie zunächst die Ränder mit Lack-Kleber und legen Sie die Serviettenstreifen auf. Bearbeiten Sie dann den inneren Boden. Verfahren Sie ebenso mit den Außenseiten und dem unteren Boden des Tabletts. Streichen Sie das Papier mit einem breiten, weichen Pinsel von innen nach außen aus. Lackieren Sie die Schmuckablage auf beiden Seiten in zwei Schichten. Ist der Lack getrocknet, bekleben Sie das Innere des Tabletts mit Goldband und den Rand mit der Quastenschnur.

Nützliches fürs Arbeitszimmer

Fotoalbum

Das brauchen Sie:

1 Fotoalbum mit Stoffbezug
1 Serviette mit Blüten-Motiv
feste Transparentfolie
Schere, Pinsel, Lack-Kleber
Klebstoff

1. Für die Dekoration des Albums schneiden Sie das Servietten-Motiv ganzflächig aus und lösen die oberste Schicht der Serviette ab.

2. Bestreichen Sie die Transparentfolie mit Lack-Kleber, legen Sie das Motiv darauf und streichen Sie es mit einem weichen Pinsel von innen nach außen aus.

3. Lackieren Sie die beklebte Fläche mit mindestens einer Lack-Schicht. Kleben Sie die Transparentfolie mit dem Motiv nach außen auf das Album.

Sammelboxen und Notizbücher

Das brauchen Sie:

unifarbene Sammelboxen,
ca. 21 x 17 x 11 cm
unifarbene Notizbücher
Servietten mit Blüten-, Streifen- oder kindlichen Motiven
Schere, Pinsel, Lack-Kleber

1. Schneiden Sie die Servietten-Motive sauber aus und lösen die oberste Schicht der Servietten ab.

2. Bestreichen Sie die zu dekorierenden Flächen dünn mit Lack-Kleber, legen Sie die Motive auf und streichen Sie sie mit einem weichen Pinsel von innen nach außen aus.

3. Überziehen Sie die Motive mit ein bis zwei Lack-Kleber-Schichten.

Tipp:

Schuhkartons lassen sich blitzschnell in schöne Boxen verwandeln. Bemalen Sie die Kartons mit Acrylfarbe, lassen Sie die Farbe gut trocknen und verfahren Sie weiter wie beschrieben.

Zum Osterfest

Bunte Ostereier

Das brauchen Sie:

Ostereier zum Öffnen aus Pappmaschee
Acrylfarbe in verschiedenen Tönen
Servietten mit Blumen-Motiven
Servietten mit Oster-Motiven
Bänder und Litzen
Blüten und Marabu-Federn
Schere, Pinsel, Lack-Kleber
Klebstoff oder Heißklebepistole

1. Wenn Sie die Eier vollständig mit einem Servietten-Motiv beziehen möchten, schneiden Sie die Eiform zweimal etwas größer aus der Serviette aus und machen Sie rundherum kurze Einschnitte. Lösen Sie die oberste Schicht der in Form geschnittenen Servietten ab. Bepinseln Sie die Eier mit Lack-Kleber und bearbeiten Sie zunächst erst die eine, danach die andere Hälfte des Eies. Legen Sie die Serviette auf die gelackten Flächen und streichen Sie sie mit einem dicken Pinsel von innen nach außen aus. Überziehen Sie die Serviette auf dieselbe Art mit einer ersten Schicht Lack-Kleber.

2. Wenn Sie die Eier mit einzelnen Motiven bekleben möchten, bemalen Sie beide Eihälften zunächst mit Acrylfarbe und lassen diese vollständig trocknen. Danach schneiden Sie die Motive aus und ziehen die oberste Serviettenschicht ab. Streichen Sie die zu dekorierenden Stellen auf den Eiern mit Lack-Kleber ein, legen Sie die Motive auf und streichen Sie sie aus. Überziehen Sie die die Eihälften mit einer Lack-Kleber-Schicht.

3. Ist die erste Lackschicht getrocknet, wird das komplette Ei mit einer weiteren Schicht überzogen.

4. Dekorieren Sie die Eier mit Bändern, Litzen, Blüten und Federn, die Sie mit Klebstoff oder der Heißklebepistole aufkleben.

Ostertöpfe

Das brauchen Sie:

Terrakotta-Übertöpfe in verschiedenen Größen
Acrylfarbe in Gelb, Rot und Blau
Servietten mit Oster-Motiven
Schere, Pinsel, Lack-Kleber

1. Bemalen Sie die Töpfe und die Ränder schön bunt. Lassen Sie die Farben gut trocknen.

2. Schneiden Sie die Servietten-Motive sauber aus und ziehen Sie die oberste Serviettenschicht ab.

3. Bepinseln Sie die zu dekorierenden Flächen der Töpfe mit Lack-Kleber, legen Sie die Motive auf und streichen Sie sie mit einem weichen Pinsel von innen nach außen aus. Überstreichen Sie auf gleiche Weise die Motive mit Lack-Kleber.

4. Ist die Lackschicht getrocknet, werden die Töpfe mit zwei weiteren Lackschichten überzogen.

Zu Weihnachten

Weihnachtskugeln und Sterne

Das brauchen Sie:

Kugeln aus Styropor
in verschiedenen Größen
Styroporsterne, Ø ca. 21 cm
verschiedene Acrylfarben
Acrylfarbe in Gold
Servietten mit
Weihnachts-Motiven
Bänder, Paillettenborten
Perlenschnüre, Blätter, Zweige
Beeren, Goldblüten, kleine Kugeln
Schere, Pinsel, Lack-Kleber
Klebstoff oder Heißklebepistole

Tipp:

Wenn Sie die Sterne komplett mit einer Serviette überziehen möchten, schneiden Sie die Serviette mit 1 cm Zugabe in Sternform. Schneiden Sie die Serviettenform rundum etwa 5 mm tief ein. Bestreichen Sie eine Seite des Sterns mit Lack-Kleber, legen Sie die Serviette auf und streichen Sie sie mit einem weichen Pinsel aus. Überziehen Sie die Sternseite mit Lack-Kleber. Arbeiten Sie die Spitzen sehr sorgfältig. Verfahren Sie mit der anderen Seite des Sterns auf gleiche Weise.

1. Legen Sie die Kugeln und Sterne je nach Servietten-Motiv farbig oder golden an. Schneiden Sie die Servietten-Motive aus und ziehen Sie die oberste Papierlage ab.

2. Bepinseln Sie die zu dekorierenden Flächen mit Lack-Kleber, legen Sie die Motive auf und streichen Sie sie mit einem weichen Pinsel von innen nach außen aus. Überstreichen Sie auf gleiche Weise die Motive mit Lack-Kleber. Für die Kugeln und Sterne genügt eine Lackschicht. Zum Schluss verzieren Sie die Kugeln und Sterne mit Bändern, Litzen und anderen Materialien ganz nach Ihrer Fantasie.

Christstern mit Kugeln im Metalltopf

Das brauchen Sie:

transparente Acryl-Kugeln zum Öffnen, Ø ca. 12 cm
1 Metall-Eimer, ca. 35 cm hoch
Servietten mit Christstern-Motiv
Schere, Pinsel, Lack-Kleber
Perlonfaden

1. Schneiden Sie die Christstern-Motive aus den Servietten aus und ziehen Sie die oberste Papierschicht vorsichtig ab.
Bestreichen Sie die Acryl-Kugeln mit Lack-Kleber, legen Sie die Motive auf und streichen Sie diese von innen nach außen mit einem breiten, weichen Pinsel aus. Überziehen Sie die Motive mit einer Lackschicht. Hängen Sie die Aryl-Kugeln – gefüllt oder ungefüllt – an Perlonfäden auf.

2. Für den Metall-Eimer stellen Sie eine Collage aus Christstern-Motiven zusammen und verfahren wie für die Kugeln beschrieben. Der Eimer wird mehrere Male lackiert.

Weihnachtsschale, Übertopf und Kranz

Das brauchen Sie:

1 unglasierte Terrakotta-Schale, Ø ca. 23 cm
1 Terrakotta-Übertopf, Ø ca. 12 cm
Arylfarbe in Gold oder Goldspray
1 Styropor-Kranz, Ø 21,5 cm
5–6 Servietten mit Weihnachts-Motiven
2 Servietten mit Weihnachtsbordüre
goldene Perlenschnur
1 weihnachtlichen Deko-Aufleger
Schere, Pinsel, Lack-Kleber
Klebstoff oder Heißklebepistole

1. Schneiden Sie ein für die Größe der Schale passendes Servietten-Motiv aus und ziehen Sie die oberste Serviettenschicht vorsichtig ab. Bestreichen Sie die zu dekorierende Fläche der Schale mit Lack-Kleber, legen Sie das Motiv auf und streichen Sie es mit einem weichen Pinsel von innen nach außen aus. Überziehen Sie das Motiv mit mehreren Lackschichten.

2. Für den kleinen Übertopf malen Sie den Topf mit Goldfarbe an oder besprühen ihn mit Goldspray. Lassen Sie die Farbe gut trocknen. Schneiden Sie aus den Servietten ein passendes Motiv aus und stellen Sie eine Bordüre für die Topfrandverzierung zusammen. Ziehen Sie die oberste Schicht der Serviettenteile vorsichtig ab. Bestreichen Sie die zu dekorierenden Flächen mit Lack-Kleber, legen Sie das Motiv und die Bordüre auf und streichen Sie alles mit einem weichen Pinsel von innen nach außen aus. Überziehen Sie den Topf mit mehreren Lackschichten.

3. Für den Kranz schneiden Sie ca. 3 cm breite Streifen aus einer durchgemusterten Weihnachtsserviette zurecht. Ziehen Sie die oberste Schicht der Serviettenstreifen vorsichtig ab. Bestreichen Sie den Kranz nach und nach mit Lack-Kleber. Umwickeln Sie den Kranz diagonal mit den Serviettenstreifen und streichen Sie diese sofort nach dem Umwickeln mit einem weichen Pinsel aus. Ist der Kranz rundum mit den Serviettenstreifen beklebt, wird er mit einer Lack-Kleber-Schicht überzogen. Hierbei wird der Lack wieder von innen nach außen aufgetragen. Ist der Lack getrocknet, wird der Kranz mit goldener Perlenschnur umwickelt und durch das Aufkleben eines dekorativen Weihnachtsauflegers zusätzlich verziert.

Bäumchen, Glocken und Kerzenhalter

Das brauchen Sie:

1 Styropor-Kegel, ca. 23 cm hoch
Styropor-Glocken,
Ø ca. 8 und 13 cm
Styropor-Kerzenhalter,
Ø ca. 8 cm
Servietten mit Weihnachts-Motiven
Servietten mit Goldstreifen
grüne, rote und goldene Acrylfarbe
1 Goldkugel, Ø ca. 4 cm
Bänder, Weihnachtsauflеger
goldenen Glitter-Glue
goldene Tortelett-Deckchen
weihnachtliche Cocktail-Servietten, Kerzen
Schere, Pinsel, Lack-Kleber
Klebstoff oder Heißklebepistole

1. Für das Bäumchen schneiden Sie die Kegelform aus zwei Servietten aus, ziehen die oberste Papierschicht ab, und bestreichen den Styropor-Kegel mit Lack-Kleber. Legen Sie die Servietten-Teile auf den Kegel und streichen sie mit einem breiten, weichen Pinsel von innen nach außen aus. Lackieren Sie den Kegel mit einer Lack-Kleber-Schicht. Streichen Sie mit dem Pinsel dabei wieder von innen nach außen. Bemalen Sie den unteren Rand des Kegels mit grüner Acrylfarbe. Lassen Sie die Farbe gut trocknen und lackieren Sie den Kegel erneut. Zum Schluss kleben Sie die Goldkugel auf die Kegelspitze.

2. Für die Glocken schneiden Sie die Servietten in Form und ziehen die oberste Schicht der Servietten ab. Bestreichen Sie die Styropor-Glocken mit Lack-Kleber, legen Sie die Sevietten auf und streichen Sie sie mit einem breiten, weichen Pinsel von innen nach außen aus. Überstreichen Sie die Glocken mit einer Lack-Kleber-Schicht. Arbeiten Sie wieder von innen nach außen. Ist die Lackschicht getrocknet, dekorieren Sie die Glocken mit Bändern und hübschen Weihnachtsauflegern. Möchten Sie die Glocken nicht ganzflächig beziehen, sondern mit Einzelmotiven dekorieren, bemalen Sie die Styropor-Glocken mit Acrylfarbe – hier mit Rot und Gold –, lassen die Farbe gut trocknen und bringen dann die einzelnen Motive – hier Sterne – wie beschrieben auf.

3. Für die Kerzenhalter bemalen Sie die Styropor-Formen mit goldener Acrylfarbe und lassen diese gut trocknen. Schneiden Sie nun die Ziermotive – hier Christsterne – sorgfältig aus den Servietten aus, lösen Sie die oberste Papierschicht, bestreichen Sie die Kerzenhalter mit Lack-Kleber und legen Sie die Motive auf. Streichen Sie sie mit einem breiten, weichen Pinsel von innen nach außen aus. Lackieren Sie die Kerzenhalter mit einer ersten Lack-Kleber-Schicht. Streichen Sie hierbei wieder von innen nach außen. Ist der Lack getrocknet, können Sie die Servietten-Motive durch das Auftragen von goldenem Glitter-Glue zusätzlich verzieren. Der Glitter-Glue muss sehr gut trocknen. Danach lackieren Sie die Kerzenhalter erneut. Ist der Lack getrocknet, geben Sie gefältete, goldene Tortendeckchen oder Weihnachts-Cocktail-Servietten in die Öffnung der Kerzenhalter und stecken die Kerzen hinein.

Tom
Nils
Tina